Discours

IMPROVISÉ

Sur la Tombe

DE

GODEFROI DE LA TOUR-D'AUVERGNE,

MORT LE 29 AOUT 1832;

Par Alphonse Sanson.

<hr>

Ces paroles ont été recueillies par les soins de madame la comtesse Pauline de la Tour-d'Auvergne, sœur du malheureux Godefroi.

La maladie à laquelle il succomba
fut le prix de son dévouement
à l'humanité.

La terre se referme sur des restes inanimés, proie anticipée de la destruction et du néant. C'en est fait de la présence matérielle de Godefroi parmi nous; son existence n'est plus que dans la pensée des hommes et dans les secrets de la nature. La vie des souvenirs s'ouvre pour lui.

Sa mémoire rappelle un passage rapide, une

vie courte, semée de traits d'héroïsme et remplie d'actes de bienveillance ou d'humanité.

Celui que nous venons de perdre, Maurice-Edouard Godefroi, comte de la Tour-d'Auvergne, était né à Londres pendant l'émigration.

Au retour de la terre d'exil, il fut, ainsi que son frère, élevé à l'école de Saint-Cyr, transportée depuis à la Flèche.

L'admission des deux frères était une violation des réglements qui n'ouvraient ces institutions qu'aux fils des guerriers morts au champ d'honneur. Napoléon motiva ce privilége : *Les petits neveux du grand Turenne sont les soldats nés de la Patrie.*

La malheureuse campagne de Moscou avait plongé la France dans la consternation. L'Empereur, de retour à Paris, venait recruter ses armées. Il sortait de l'Elysée : un jeune homme, au regard expressif, à l'âme passionnée, aux traits de flamme jaillissant des roses d'une tendre adolescence, saisit la bride du cheval, s'attache à la botte du guerrier : « Une sous-lieutenance ! » s'écrie-t-il. — « Quel âge as-tu ? — « Seize ans. » — « Comment t'appelles-tu ? » — « Godefroi de la Tour-d'Auvergne. » — « Accordé. Voilà les jeunes gens qu'il me faut, » dit Napoléon à Savary.

Le génie de la guerre avait senti palpiter le cœur mâle d'un soldat de fer sous cette enveloppe gracieuse que le ciseau surnaturel semblait, dans son caprice, s'être plu à finir pour l'ornement d'une cour ou le charme d'un boudoir. Si beau, si jeune, si brave ! Avec une armée de tels soldats, la main du maître n'eût jamais dessaisi le sceptre du monde.

Mais le jeune homme était disparu sans remercier. Déjà au milieu de sa famille incrédule, il racontait la promesse du grand homme. Le brevet était expédié le soir. C'était encore une dérogation à la loi. Il fallait un courage exceptionnel pour le justifier.

A Culm, Godefroi fut hors de ligne parmi les héros. La mort frappe le capitaine et le lieutenant de sa compagnie; il en prend le commandement, et bientôt celui d'une autre compagnie, veuve aussi de ses officiers. Par une nouvelle déviation de la règle, ces deux commandements lui sont conservés pendant toute la campagne d'Allemagne.

Il y mérite et reçoit la croix à dix-sept ans.

Les Bourbons reviennent. Son père, M. le général comte de la Tour-d'Auvergne, en reçoit le commandement d'une division militaire. Son oncle occupait l'évêché d'Arras. Godefroi est allié aux familles le plus en crédit. Il est porteur du nom de la Tour-d'Auvergne. Une carrière militaire brillante, fermée aux soldats de l'empire, semble encore s'ouvrir devant lui.

La fortune qui a fait fléchir, à son nom et devant son courage, les barrières légales, pour laisser un essor libre au vol de ses précoces destinées, la fortune s'arrêtera-t-elle?

L'instruction de Godefroi le fait admettre au corps royal d'état-major. Il devient aide-de-camp de M. de la Tour-Maubourg, ministre de la guerre. Que sollicite-t-il du ministre ? Combattre en Espagne. Là, en qualité d'aide-de-camp du général Donnadieu, il se distingue dans la seule partie de cette campagne où il y ait eu quelque gloire à acquérir dans la Catalogne. Trois bulletins le citent aux affaires de *Castel-ter-sol* et de *Molins del Rey*.

Le grade d'officier de la légion-d'honneur est bientôt sa récompense.

Qu'au milieu des traits de sa bravoure audacieuse, un acte de cette inépuisable passion de bienveillance, aliment nécessaire de sa vie morale, répand de charme sur son souvenir !

Un seul conseil de guerre acquitte les Français pris les armes à la main ; ce conseil de guerre se tient dans la division Donnadieu ; Godefroi en était le rapporteur : on a jugé sur ses conclusions. Sa pitié ingénieuse lui suggéra l'idée heureuse de lire au tribunal un discours prononcé à la Constituante contre la peine de mort. Les juges, touchés, ébranlés peuvent-ils se refuser à l'indulgence, quand il leur dit : les paroles que vous venez d'entendre sont de Robespierre ; *condamnerez-vous, quand Robespierre absout ?*

Que l'on ne croie pas qu'il appartient à l'opinion de ceux qu'il a sauvés. Godefroi crùt devoir se dévouer aux Bourbons aînés à leur retour. Sa vie dès lors leur fut acquise et sa fidélité fut incorrigible.

Talents, services, nom, début dans la carrière, tout lui promettait de brillants succès.

Un ministre de la guerre s'emparant des

présomptions d'une cause non-jugée et qui le fut ensuite en faveur de la famille de Godefroi, voulut lui ravir son nom de la Tour-d'Auvergne, au mépris de l'autorité du roi Louis XVIII qui avait fait déposer solennellement le cœur de Turenne et celui du premier grenadier de France dans les mains du père de Godefroi, comme à l'aîné de la famille. Godefroi, capitaine, osa sommer par assignation le ministre de lui rendre son nom ; le ministre plia devant la loi, et... destitua l'officier.

Là se termine sa carrière militaire. Mais la France depuis ne fut pas menacée....

L'adversité le trouva aussi courageux que la bonne fortune l'avait laissé modéré et officieux.

Ses opinions ne furent pas ébranlées par la disgrâce. Il aimait la légitimité, convaincu qu'il fallait ce principe comme gage de stabilité. Il voulait en faire découler un système de liberté et d'égalité qui ferait envie à la meilleure des républiques.

Ses mœurs toutes républicaines démentaient un langage légitimiste. Nom, bravoure, simplicité, tout rappelait en lui le premier grenadier de France. Son cœur n'admettait l'exclusion de personne. Les capacités étaient pour lui les seules sommités sociales.

Maître du temps que lui laissait la disgrâce, il employa son intelligence à écrire des livres estimés sur l'art militaire.

Son cœur restait inoccupé ; il prit soin des pauvres ; c'est ainsi qu'il devint vice-président de la Société de Prévoyance.

Sous les coups du choléra, lorsque la société de Paris fuyait (comme si le vaste crêpe qui couvrait la Capitale , et avant elle un quart du globe , n'était pas destiné à envelopper le monde , et comme s'il y avait des contrées où l'atmosphère n'atteignît pas), lui, remplit, au bureau de secours de sa mairie, les humbles mais honorables fonctions d'aide. Ses paroles persuasives ramenèrent des hommes égarés qui accusaient l'autorité de les faire empoisonner. Il les instruisit à prendre soin de leur existence, à prévenir le mal. Que l'imitation d'un tel exemple eût épargné et épargnerait encore de pertes à la France !

En même temps , il exerça une inspection de toutes les nuits sur l'hôpital temporaire de la réserve.

Réflexion déchirante ! S'il n'avait pas obtenu cette fatigante mission , l'orage l'eût peut-être épargné !

La maladie à laquelle il succomba fut le prix des soins que lui imposa cette fonction volontaire et gratuite. Elle fut aggravée par l'impatience que lui causait l'impossibilité d'être utile encore , où l'avaient réduit les premières atteintes du poison épidémique.

Nombrer les services qu'il a rendus , c'est citer tous les moments de sa vie où il a pu quelque chose.

Il n'existe plus..... Le vide qu'il nous laisse mesure sa valeur réelle, et ce vide est immense.

Que sa vie fut rapide !.... Succès , talents, ame, existence, il a toujours devancé le temps. Pourquoi une destinée si hâtive ? Mourir à sa trente-sixième année !.. Si tôt nous quitter ! L'infini est entre lui et nous, distance incommensurable, et pourtant si courte de temps et d'espace !

Pour la première fois, il va manquer à l'appel des pauvres, de l'amitié, de la Patrie.

Quelques jours sont à peine écoulés, que lui-même, comme nous aujourd'hui, versait sur la tombe d'un ami de funèbres adieux.

Il accomplit avec une douleur non moins sentie, avec une religion non moins profonde les lugubres obligations qu'impose chaque jour à l'amitié l'influence homicide qui nous dévore.

Comme nous, il se soumit, sans murmure et sans relâche, à la loi fatale qui fixe désormais pour témoin des épanchements et des soins de l'affection, le chevet du lit d'un être souffrant que l'on tremble de perdre, ou le bord d'une fosse qui se comble sur celui qu'elle nous cache à jamais, pour ne se rouvrir qu'à un autre encore ou qu'à nous-mêmes.

Quand la nouvelle du jour cessera - t - elle d'être celle d'une mort inattendue, et le sujet de nos entretiens un récit de souffrances, une expression d'angoisse, un cri de regrets !

Toujours des linceuls, des tentures noires, des crêpes !... Ne devons-nous plus trouver la fraîcheur et le repos qu'à l'ombre des saules ou des cyprès?

Qu'il reçoive en bonheur la compensation du chagrin que son absence nous cause! Un jour, demain peut-être, nous le suivrons. Il nous appelle ; notre séparation est provisoire. Jusqu'à l'accomplissement de cette fin nécessaire, nous avons la part la plus rude de la tâche, partagés entre le feu dévorant de l'inquiétude sur ceux qui nous restent, et la douleur déchirante, l'amertume ou la résignation des regrets pour ceux qui nous ont laissés. Adieu! Adieu!

PARIS. — IMPRIMERIE D'HIPPOLYTE TILLIARD,

RUE DE LA HARPE, N° 88.

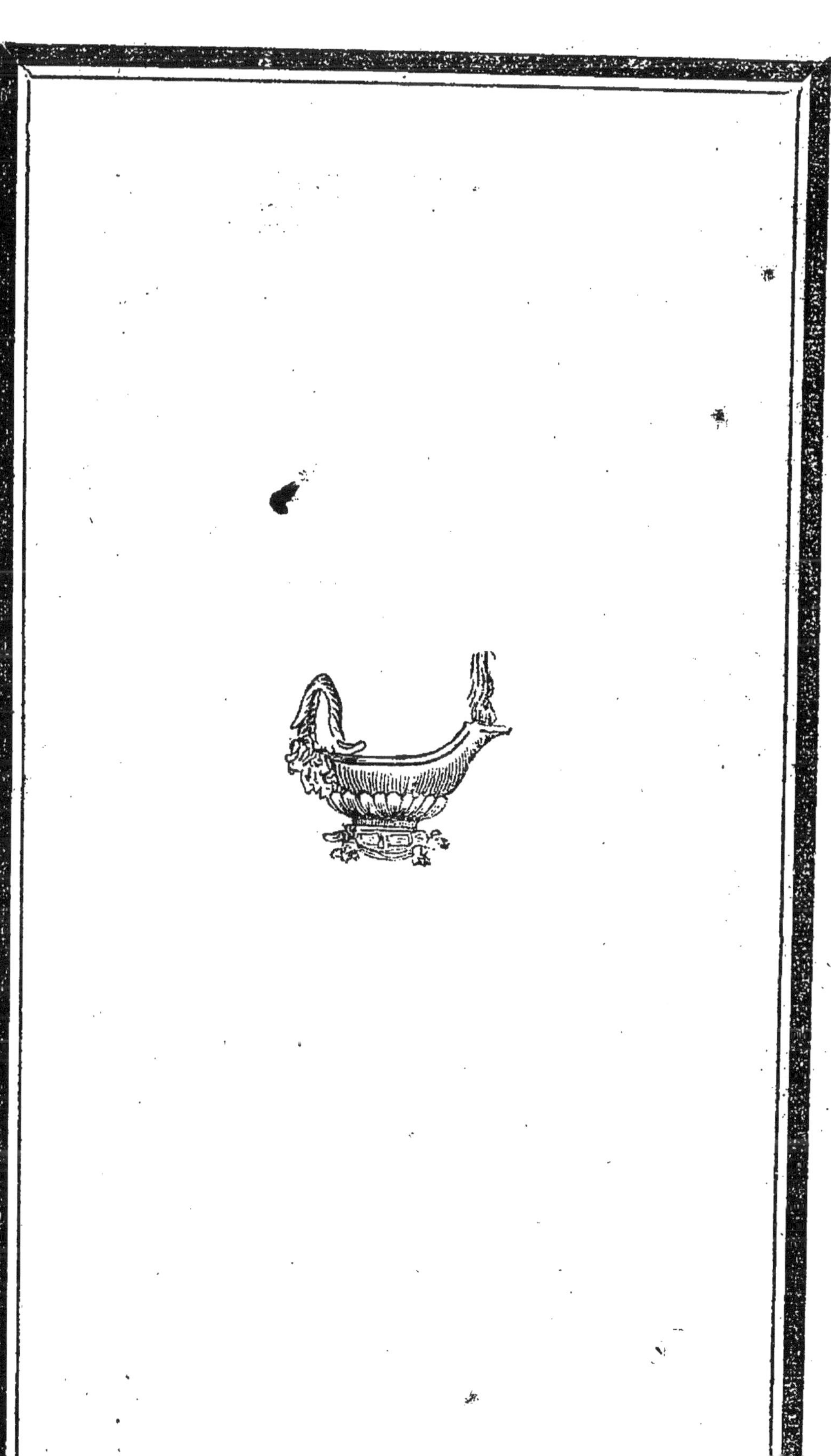